मधुकलश

मधुकलश

हरिवंशराय 'बच्चन'

राजपाल

इस पुस्तक के पहले और दूसरे संस्करण सुषमा निकुंज से, तीसरे और चौथे संस्करण भारती भंडार से और पाँचवें और छठे संस्करण सेंट्रल बुक डिपो, प्रयाग में प्रकाशित हुए थे।

पहला संस्करण	—	जुलाई	1937
दूसरा संस्करण	—	नवंबर	1939
तीसरा संस्करण	—	फरवरी	1943
चौथा संस्करण	—	मई	1944
पाँचवाँ संस्करण	—	दिसंबर	1947
छठा संस्करण	—	अक्तूबर	1954
सातवाँ संस्करण	—	अगस्त	1960
आठवाँ संस्करण	—	मई	1963
नवाँ संस्करण	—	अगस्त	1966
दसवाँ संस्करण	—	नवम्बर	1975
ग्यारहवाँ संस्करण	—	अगस्त	2003
बारहवाँ संस्करण	—	अक्तूबर	2006
तेरहवाँ संस्करण	—	अगस्त	2008
चौदहवाँ संस्करण	—	सितम्बर	2010
पन्द्रहवाँ संस्करण	—	मार्च	2012
सोलहवाँ संस्करण	—	फरवरी	2014
सत्रहवाँ संस्करण	—	अप्रैल	2015
अठारहवाँ संस्करण	—	मार्च	2017
उन्नीसवाँ संस्करण	—	जुलाई	2019

स्थापित 1912
100 वर्षों की श्रेष्ठ प्रकाशन परम्परा
राजपाल

₹ 195

ISBN : 9788170284260

MADHUKALASH (Poetry) by Harivanshrai 'Bachchan'

मुद्रक : जी.एस. ऑफसेट, दिल्ली

राजपाल एण्ड सन्ज़

1590, मदरसा रोड, कश्मीरी गेट, दिल्ली-110006

फोन : 011-23869812, 23865483, 23867791

e-mail : sales@rajpalpublishing.com

www.rajpalpublishing.com

www.facebook.com/rajpalandsons

अपने पाठकों की नई पीढ़ी से

'मधुकलश' का सातवाँ संस्करण मेरे नए प्रकाशक के यहाँ से छपने जा रहा है। इस पर मुझे सन्तोष और प्रसन्नता का अनुभव होना स्वाभाविक है। पिछले छः संस्करणों के साथ न मेरी, न किसी और की भूमिका थी, न सम्मति थी; केवल कविताएँ ही पाठकों के सामने रख दी गई थीं। मेरे मन में कुछ ऐसा ही विचार रहा होगा कि यदि इन कविताओं में कोई भाव-विचारों की सच्चाई-गहराई है, कोई सुन्दरता है, कोई खूबी है, आनन्द, रस या प्रेरणा देने की कोई शक्ति है, तो हिन्दी के पाठक इनको खरीदेंगे, पढ़ेंगे, गुनगुनाएँगे; और अगर ऐसा कुछ इनमें नहीं है तो मेरे या किसी के कहने से, सिफ़ारिश करने से, विज्ञापन करने से, या ढोल पीटने से इनको कोई मन से स्वीकार नहीं करेगा। कविता जो मन से, हृदय से, जीवन की माँग से, प्यास से स्वीकार नहीं की जाती, वह उपेक्षित रहती है, भुला दी जाती है। दुनिया अपने मन पर अनावश्यक, अवांछित का बोझ अधिक दिन नहीं ढोती। आज जब देखता हूँ कि लगभग पचीस वर्ष पूर्व लिखी इन कविताओं को लोग अब तक संग्रह करना चाहते हैं, पढ़ना चाहते हैं, इनमें रुचि लेते हैं, तो आत्म-विश्वास होता है कि इनमें वह कुछ है जिसकी लोग कविता से प्रत्याशा करते हैं। यह आत्मविश्वास और बढ़ जाता है जब मैं देखता हूँ कि विशुद्ध कविता-प्रेम से ही इन्हें स्वीकार किया गया है; किसी और तरह इन्हें जनता तक पहुँचाने की न मेरी इच्छा ही रही है, न मेरे पास कौशल-साधन ही रहा है, और मेरी कामना है कि आगे भी अपनी सहज आकर्षण-शक्ति से ये लोगों तक पहुँचें, लोगों को अपनी ओर खींचें।

जब 'मधुकलश' की लगभग पन्द्रह हज़ार प्रतियाँ लोगों में पहुँच चुकी हैं, जिन्हें तीस-चालीस हज़ार लोगों ने पढ़ा भी होगा, तब मेरी हिम्मत होती

है कि इन कविताओं के बारे में कुछ कहूँ। आशा है, आगे की पंक्तियों में जो मैं कहने जा रहा हूँ वह आपको रोचक लगेगा। कवि और कविताओं के बारे में ऐसी जिज्ञासा भी प्रायः होती है जिसको शान्त करने का प्रयत्न आगे किया जाएगा। इन कविताओं के बारे में मेरे पाठक प्रायः मुझसे मौखिक रीति से या पत्रों के द्वारा पूछते रहे हैं। किसी-किसी को मैंने संक्षेप में उत्तर दिया है, किसी-किसी के सवाल को टाल गया हूँ। क्योंकि एक बात मेरे मन में सदा से स्पष्ट और दृढ़ रही है कि कविता से जो सन्तोष, आनन्द, रस मिलना चाहिए, उसे देने की पूरी क्षमता कविता में होनी चाहिए। आगे जो लिखने जा रहा हूँ वह इस वास्ते या इस ध्येय से नहीं कि उससे कविता के समझने में सहायता मिले या उससे कविता का आनन्द बढ़े; इसके बिना भी लोग इन कविताओं को समझते और इनका रस लेते रहे हैं। और आज के पाठकों की समझ और सुरुचि में कोई कमी नहीं आई है कि उनको इस प्रकार की टिप्पणियों की ज़रूरत पड़े। मेरा अनुभव तो यही है कि आज के पाठक की रुचि में अधिक सँवार और समझ में अधिक निखार आया है। 'मधुशाला' के प्रथम श्रोता-पाठकों ने मुझे 'हाला-बाज़' और 'पियक्कड़' समझा था, आज के श्रोता-पाठक जानते हैं कि मैंने हाला का प्रयोग प्रतीक अथवा रूपक के समान किया है और मुझसे अब वे भोंडे सवाल नहीं पूछे जाते जो आज से पचीस वर्ष पहले पूछे जाते थे। मैं क्या परिणाम निकालूँ? अगर आपकी गरज़ केवल कविता से है, और उसके सम्बन्ध में अतिरिक्त कौतूहल आपके मन में नहीं जागते, तो आपको आगे पढ़ने की ज़रूरत नहीं। आप मेरे अधिक नज़दीक हैं। एक अरसे तक घर में मेरा आदेश था कि कविता की जितनी भी नई पुस्तकें आएँ उनसे भूमिका, प्रस्तावना, प्राक्कथन और सम्मतियों का पेज फाड़कर उन्हें मेरे सामने रखा जाए।

'मधुकलश' की कविताएँ सन् 1935-36 में लिखी गईं और सर्वप्रथम 1937 में प्रकाशित हुईं। इसके पहले 'मधुशाला' 1935 में और 'मधुबाला' 1936 में प्रकाशित हो चुकी थीं। मेरे जीवन का जो उत्साह, उल्लास और उन्माद—गो उनमें एक अभाव, एक असन्तोष, एक निराशा की व्यथा भी घुली-मिली थी—'मधुशाला' और 'मधुबाला' में व्यक्त हुआ था, वह अब उतार पर था। मेरे भावना-स्वप्नों का शीशे का संसार यथार्थता और वास्तविकता की चट्टान से टकराकर चकनाचूर हो गया था। 'मधुबाला' के 'प्रलाप' में इसका प्रतीकात्मक संकेत है, 'पाँच पुकार' शीर्षक कविता में भी :

'गिर-गिर टूटे घट प्याले
बुझ दीप गए सब क्षण में।'

नियति ने भी इसी समय मेरे ऊपर आक्रमण किया—मारेसि मोहि कुठावँ। मेरे छोटे भाई की बच्ची को मौत एक झपट्टे में उठा ले गई। मेरे कोई सन्तान न थी, वह कन्या मुझे बहुत प्रिय थी। चार महीने बाद उसकी माँ भी चल बसी। इसके बाद मैं बीमार पड़ा और डॉक्टरों ने मुझे क्षय का भय बताया। सृजन की शक्तियाँ मुझमें अब भी अप्रतिहत थीं। मैं 'अतीत का गीत', 'मरघट' और 'हलाहल' लिखने लगा। 'हलाहल'—हाला का प्रतिरोधी—जिन भावनाओं का प्रतीक बनकर मेरे मन में उदय हुआ था, उन्हें प्रश्रय देकर मैं नहीं जी सकता था; उसको मैंने चुनौती दी। हलाहल मुझे मार नहीं सकेगा; मेरी अमरता का सबूत बनेगा। 'हलाहल' के दो पद देखें :

'सुरा पी थी मैंने दिन चार
उठा था इतने से ही ऊब,
नहीं रुचि ऐसी मुझको प्राप्त
सकूँ सब दिन मधुता में डूब
हलाहल से की है पहचान,
लिया उसका आकर्षण मान,
मगर उसका भी करके पान
चाहता हूँ मैं जीवन-दान।

पहुँच तेरे अधरों के पास
हलाहल काँप रहा है, देख,
मृत्यु के मुख के ऊपर दौड़
गई है सहसा भय की रेख,
मरण था भय के अन्दर व्याप्त,
हुआ निर्भय तो विष निस्तत्व,
स्वयं हो जाने को है सिद्ध
हलाहल से तेरा अमरत्व।'

'मरघट' और 'अतीत का गीत' मैंने अधूरा ही छोड़ दिया जो मेरी पाण्डुलिपियों में अब भी कहीं पड़ा है। 'हलाहल' दस वर्ष बाद मैंने पूरा करके प्रकाशित कराया।

इधर तो मैं और मेरे परिवार के लोग दुर्भाग्य, मौत और बीमारी से सन्त्रस्त और आतंकित थे, उधर साहित्य की दुनिया में कलम और ज़बान दोनों ही मेरे खिलाफ़ चल रही थीं। ज़बानें तो ज़बानी जमा-खर्च करती हैं, पर कलम की काली करतूतें तत्कालीन पत्र-पत्रिकाओं के कालमों में अब भी जीवधारी खज़ाने की तरह ईर्ष्या, द्वेष, अहंमन्यता और स्पर्धा के सर्पों की संरक्षता में बन्द पड़ी हैं। कोई मेरे उद्‌गारों को वासनामय बताता, कोई मेरे गान को निराशा से भरा, कोई मेरी पैरोडी लिखता, कोई मेरा उपहास करता, कोई मुझे पथभ्रष्ट कहता। मेरी पत्नी श्यामा कहती, 'तुम कौनो सफाई न देव, तुम तो बस थुरे जाव'। 'थुरने' का लाक्षणिक अर्थ तो अवधी जानने वाले ही समझेंगे। मतलब उसका था कि मैं किसी की परवाह किए बिना एक के बाद दूसरी रचना की चोट दिए जाऊँ। कई मास की प्राकृतिक चिकित्सा से जिस दिन मैं ज्वरमुक्त हुआ, उसी दिन उसने चारपाई पकड़ ली और चिता की सेज के लिए ही छोड़ी। 'मधुकलश' की रचनाएँ इन्हीं बाढ़, बवंडर और वज्राघात के दिनों में लिखी गईं और श्यामा के देहावसान के पश्चात् उसे ही समर्पित हुईं।

यह है इन कविताओं की पृष्ठभूमि जिसे, मेरा विश्वास है, मेरे भाव-प्रवण और कल्पनाशील पाठक मेरे बिना बताए भी अपनी सहज सहानुभूति से जानते-समझते रहे हैं।

'मधुकलश' नाम को सार्थक करनेवाली तो शायद सिर्फ़ पहली कविता है—'है आज भरा जीवन मुझमें, है आज भरी मेरी गागर'। इसका उचित स्थान सम्भवतः 'मधुबाला' के साथ होता, जहाँ वह कहती है, 'मैं मधुबाला मधुशाला की, मैं मधुशाला की मधुबाला'। पर उस समय यह कविता लिखी गई होती तो शायद उसमें 'तन की क्षणभंगुर नौका' का ज़िक्र न होता : 'जीवन में दोनों आते हैं; मिट्टी के पल, सोने के क्षण', ऐसी पंक्तियाँ न आतीं, पर अब मेरे लिए यह सिर्फ़ सुना-सुनाया ज्ञान नहीं रह गया था। यह मेरी छाती में बलक चुका था; मेरी आँखों से ढलक चुका था। उल्लास और अवसाद इतनी तीव्रता से मेरे जीवन में आ चुके थे कि अब उनकी स्मृति का भार उठाने की भी मुझमें शक्ति न थी। मन कहता था :

'विस्मृति की आई है बेला,
कर पान्थ न इसकी अवहेला,
आ भूलें हास-रुदन दोनों
मधुमय होकर दो-चार पहर।'

'कवि की वासना' की मूल प्रेरणा पंडित बनारसीदास चतुर्वेदी की एक टिप्पणी थी जो उन्होंने मेरी कविताओं के विषय में 'विशाल भारत' में लिखी थी। उसके उत्तर में मैंने यह कविता 'सरस्वती' में भेज दी। कविता के साथ मैंने एक नोट भी दिया था कि किसी सम्पादक ने मेरे विषय में ऐसा कहा था; उसी की प्रतिक्रिया में यह कविता लिखी गई—ठीक शब्द मुझे याद नहीं। चतुर्वेदी जी का नाम जानबूझकर न लाया गया था। चतुर्वेदी जी ने कविता देखी तो फड़क उठे, और दूसरे मास उन्होंने पूरी कविता 'विशाल भारत' में छापी। साथ ही एक नोट में यह भी स्वीकार किया कि मुझ पर वासना का आरोप उन्होंने ही लगाया था और मुझे अपना उत्तर 'विशाल भारत' में ही छपाना था। बहरहाल, यदि उनकी टिप्पणी से मुझे ऐसी कविता लिखने की प्रेरणा मिली तो उन्हें पश्चात्ताप नहीं था। इस विषय पर उन्होंने मुझे व्यक्तिगत पत्र भी लिखा था। साहित्य की दुनिया की जिस क्षुद्रता का अब मैं अभ्यस्त हो गया था, उसमें चतुर्वेदी जी की 'शिवलरी' ने—इस शब्द की ठीक हिन्दी मुझे नहीं सूझ रही है—मुझे बहुत प्रभावित किया।

'सुषमा' साफ़ कविता हैं; पर जो गीतात्मकता उन दिनों मेरी हर रचना में रहती थी, इसमें नहीं। मैंने कैसे गद्यमय क्षण में उसे लिखा होगा। सुरुचि की बलिहारी कि किसी ने इसे पाठ्य पुस्तक के लिए चुना है!

'कवि की निराशा' निराशावादिता के आरोप की प्रतिक्रिया थी। मैं इतने असम्भव, विश्व के विधान को एकदम उलटने-पलटने वाले स्वप्नों को लेकर आया था कि निराशा तो स्वाभाविक थी :

'खिल मृदुल-सुकुमार कलिका—
पुष्प मुरझाने न पाए,
लहलहाते उपवनों में
वायु पतझड़ की न आए,
कोकिला सकरुण स्वरों में
मत विदा माँगे द्रुमों से,
हों न झूठे स्वप्न कवि के
जो गए युग-युग सजाए—

यह न हो तो किन सुखों का
गीत मुखरित कंठ से हो,
विश्व पूरा कर सका है
कौन-सा अरमान मेरा?'

और जब मैं तथाकथित क्षय से ग्रस्त होकर खाट पर पड़ा था तब की स्पष्ट स्मृति इन पंक्तियों में है :

'एक दिन मैंने लिया था
काल से कुछ श्वास का ऋण
आज भी उसको चुकाता
ले रहा वह क्रूर गिन-गिन...'

'पथभ्रष्ट' और 'कवि का उपहास' भी इसी प्रकार के आक्रमणों के बीच लिखे गए। 'मधुशाला' और 'मधुबाला' किसी विलासी का आलाप राग नहीं था। उनमें तो युग-युग से दबी-दुखी, पर अपराजित, मानवता ही बोली थी, सारे बन्धनों को तोड़कर, सारी जड़ सीमाओं से जूझकर—

'राग के पीछे छिपा
चीत्कार कह देगा किसी दिन,
हैं लिखे मधुगीत मैंने
हो खड़े जीवन समर में।'

दुनिया हँसे, पथभ्रष्ट कहे, पर मुझे अपने हृदय का विश्वास था। जब उससे यह बात फूटती है तो इसकी ज़रूरत भी है, इसके सुननेवाले भी हैं। जब मैं चल रहा हूँ तो कोई लक्ष्य भी होगा, नहीं मेरे पाँव ही न उठते।

'बढ़ चले जब पाँव मेरे
भावना के पन्थ पर यों,
सिद्ध है कोई प्रतीक्षा
कर रहा सोत्साह मेरी
विश्व में उपहास जिसका
वह कभी थी आह मेरी।'

पर ऐसा नहीं था कि उन दिनों मेरी सारी प्रेरणा बाहर से ही आती थी; 'कवि का गीत', 'लहरों का निमन्त्रण', 'माँझी', 'री हरियाली' अन्तःप्रेरणा से लिखी हुई कविताएँ हैं। जब मेरे चारों ओर संघर्ष ही संघर्ष था तब इन गीतों से मैंने कभी अपना मन बहलाया, कभी दूर के स्वप्न रचे, कभी अपने में बल संचय किया, कभी अपने आदर्श बनाए :

'काम क्या समझूँ न हो यदि
गाँठ उर की खोलने को?'

(कवि का गीत)

'आज अपने स्वप्न को मैं
सच बनाना चाहता हूँ,
दूर की इस कल्पना के
पास जाना चाहता हूँ,
कुछ विभा उस पार की
इस पार लाना चाहता हूँ;

हों युवक डूबे भले ही
है कभी डूबा न यौवन।'

(लहरों का निमन्त्रण)

'अवनि अम्बर की तराज़ू
सामने रख दी गई है,
क्यों न तोलूँ आज अपनी
शक्ति इस पर गर्व से धर?'

(माँझी)

इस आत्मगर्व और स्वाभिमान के साथ विनम्रता और जग-मांगल्य की भावना का भी अभाव न था। मेरा मन जानता था कि कहीं झगड़ने की जगह है तो कहीं झुकने की भी–

'निम्नतम तू, किन्तु मैं तो
नम्रतम बनने चला हूँ,

आँक मेरे उर पटल पर
आज तू अपनी विजय भी!'
'हो सभी के हेतु सुखकर
हो अगर मेरा उदय भी।'

(री हरियाली)

'सवे भवन्तु सुखिनः' की प्रतिध्वनि ही।

उन्हीं दिनों महाकवि कालिदास के 'मेघदूत' के प्रति भी मैं आकर्षित हुआ। मैंने पंडित महावीरप्रसाद द्विवेदी के गद्य और राजा लक्ष्मणसिंह के पद्य अनुवाद से 'मेघदूत' पढ़ा था। एक संस्कृतज्ञ मित्र ने मेरे हाथों में 'मेघदूत' की मौलिक रचना रक्खी। उन दिनों मैं अग्रवाल विद्यालय में हिन्दी अध्यापक था। घर से स्कूल तक पैदल जाता, प्रतिदिन एक पद काग़ज़ के एक टुकड़े पर लिख लेता और रास्ते-भर उसे गुनगुनाता जाता। इस प्रकार 'मेघदूत' का बहुत बड़ा भाग मुझे याद हो गया। 'मेघदूत' की अपनी प्रतिक्रिया मैंने 'मेघदूत के प्रति' कविता में व्यक्त की। अपने चारों ओर के दुःखद संसार से ऊपर उठने में 'मेघदूत' ने मेरी बड़ी सहायता की। उस समय मैंने बहुत-सा कल्पना-प्रभ देशी-विदेशी साहित्य पढ़ा, पर जो सन्तोष मुझे 'मेघदूत' से मिला वह किसी अन्य रचना से नहीं।

यह कविता प्रथम बार 'बिजली' (पटना) में छपी। पुस्तक में इसे पढ़कर उस समय मथुरा अजायबघर के प्रबन्धक, संस्कृत के प्रसिद्ध विद्वान्, श्री वासुदेवशरण अग्रवाल ने मुझे एक पत्र लिखा—

"परिचय नहीं होते हुए भी आपकी एक कविता से प्रभावित होकर अपनी प्रसन्नता प्रकट करने के लिए यह पत्र लिख रहा हूँ। 'मधुकलश' में 'मेघदूत के प्रति' शीर्षक कविता पढ़कर और उसका संस्कृत 'मेघदूत' के साथ अन्तर्भावित साम्य जानकर बहुत आनन्द हुआ। मेघदूत के कवि के भावों का काव्यमय ऐसा समादर अन्य किसी रसज्ञ के शब्दों में नहीं देखने में आया। काश कि इसी प्रकार के भावोद्रेक में आप और अधिक छन्दों का निष्कर्ष भी खींच लेते। 'मेघदूत' का अनुवाद आपके द्वारा—यह तो एक अभिलाषा है, पता नहीं आपको कैसी रुचे। पर कालिदास की 'अमर भारती' के पुष्कल सौंदर्य को अर्वाचीन हिन्दी-जगत् के लिए मूर्तिमन्त करने का श्रेय प्राप्त करना—यह किसी भी कवि के लिए स्पृहणीय हो सकता है।"

इतने बड़े विद्वान् की सम्मति से प्रोत्साहित होकर मुझे यह काम पूरा करने के लिए जुट जाना चाहिए था, पर श्यामा की मृत्यु ने मेरे पिछले सब राग-तन्तुओं को तोड़ दिया था। मैं कविता बनाने बैठने के पहले जीवन बनाने बैठा। तब से कई बार ध्यान आया है कि जिस आधार से मैंने 'मेघदूत' का भावानुवाद करना आरम्भ किया था उसे आगे बढ़ाऊँ, पर लगता है कि उस छन्द और पद की लय अब उतनी स्वाभाविकता से मेरे अन्तर से नहीं प्रवाहित होगी। बड़ी सम्भावना इसे आगे बढ़ाने की है, सारे पदों को टेक की तुक से एकता देने की भी; मैंने बहुत सोचकर टेक का तुक चुना था। कोई दूसरा भी यह आधार और तुक लेकर यह कार्य सम्पन्न करे तो मुझे प्रसन्नता होगी। प्रतिभावान व्यक्ति इसे मुझसे अधिक सफलता दे सकता है।

'मधुकलश' की अन्तिम कविता 'गुलहज़ारा' है। अन्तिम पद की इन पंक्तियों में—

'बीज के जो कोष बाक़ी
थे, गया ले तोड़ माली,
पीत होकर अब ठिठुरती
पत्तियाँ हैं नोक वाली,
मृत्यु शय्या पर पड़े अति
रुग्ण की अन्तिम हँसी-सी
यत्न करके खिल रही है
एक लघु कलिका निराली।'

श्यामा की मृत्यु-शय्या और उनकी अन्तिम सयत्न मुस्कान की ही ओर मैं संकेत कर रहा हूँ और अपनी आँखों के आगे देख रहा हूँ कि—

'आज उपवन से हमारे
मिट रहा है गुलहज़ारा!'

वह 'मधु कलश' जिसमें मैं मधुरस भरकर देना चाहता था, मरघट पर घंट बनकर लटक गया। घटनाओं पर पछतावा हो सकता है, है भी, पर कविता पर पछतावा नहीं। मधुरस इसमें न हो पर वह जीवन के रस से खाली नहीं और जीवन का रस मधु ही मधु नहीं होता, कटु भी होता है, जो कविता के रस में बदल, उससे एकरस

हो सदा-सर्वदा स्वादिष्ट रहता है; समर्थ के हाथों अमृत भी बनता है।

कहने को लोग कह सकते हैं, इन कविताओं की पृष्ठभूमि मेरा व्यक्तिगत जीवन है। अगर इतना ही है तो हज़ारों लोगों ने इन्हें क्यों पढ़ा है? मैं कौन हूँ कि मेरे व्यक्तिगत दुःख-सुख-रोदन-गान-संघर्ष में कोई दूसरा रुचि ले! मुझे विश्वास है, इसमें उन्होंने अपने को भी पाया है। मेरे पास दूसरे के हृदय को देखने-समझने, उसे मुखरित करने के लिए अपना ही हृदय है। यह तो मैं भी नहीं जानता कि जो बात मैंने अपने लिए कही, वह दूसरे अपने लिए भी कैसे समझने लगे। पर मैं कोई आसमान से तो टपका नहीं, उसी समाज में पैदा हुआ, बढ़ा, उसी से सहयोग-विद्रोह करता रहा, उसी से लड़ा-झगड़ा, जिसमें मेरे पाठक पैदा हुए, बढ़े, मरे-खपे। यदि मैं बहुतों के लिए प्रतीक, माध्यम बन गया तो मैं अपना विशेष क्या रहा? मेरी विशेषता तो औरों की सामान्यता नापने की उपकरण मात्र थी। इस बात को मैंने 'आरती और अंगारे' की 52वीं कविता में और अच्छी तरह कहा है :

'आज मैं सम्पूर्ण अपने को उठाकर
अवतरित ध्वनि-शब्द में करने चला हूँ,
अंग से मेरे लगा तू अंग ऐसे,
आज तू ही बोल मेरे भी गले से
और है क्या खास मुझमें जो कि अपने
आपको साकार करना चाहता हूँ,
खास यह है सब तरह की खासियत से
आज मैं इनकार करना चाहता हूँ;'

जो अपनी खासियत, अपने अहं, अपनी 'ईगो' को जितनी ही अधिक दूरी पर रख सकेगा, वह उतने ही अधिक लोगों को अपने पास खींच सकेगा। इन गीतों को लिखते समय मैं अपनी दुर्बलताओं, अपनी सीमाओं से अनभिज्ञ न था, इसीलिए मैंने अपने-आपको न्यूनतम पर सन्तोष करना सिखलाया था।

'वृष्टि का होना सफल, यदि
एक भी तृण हो धरणि पर,
एक भी तरु मंजरित यदि,

व्यर्थ कोयल का नहीं स्वर,
वायु का बहना निरन्तर
मैं नहीं कहता निरर्थक,
एक सर लहरा उठे यदि
कर उठे द्रुम एक मर्मर,
है नहीं निष्फल कभी यह
गीतमय अस्तित्व मेरा।
प्रतिध्वनित यदि एक उर में
एक क्षीण कराह मेरी।'

अब आप इन गीतों को पढ़ें, और अगर इनकी एक भी पंक्ति आपके हृदय में प्रतिध्वनित हो तो आप निश्चय जानें कि मुझे अपने गीतमय अस्तित्व के सफल होने का सबूत मिल गया।

–बच्चन

13, विलिंगडन क्रिसेंट,
नई दिल्ली-11
22 अप्रैल, 1960

क्रम

मधुकलश

है आज भरा जीवन मुझमें,
है आज भरी मेरी गागर!

1

सर में जीवन है, इससे ही
वह लहराता रहता प्रति पल
सरिता में जीवन, इससे ही
वह गाती जाती है कल-कल,

निर्झर में जीवन, इससे ही
वह झरझर झरता रहता है,

जीवन ही देता रहता है
नद को द्रुत गति, नद को हलचल,

लहरें उठतीं, लहरें गिरतीं,
लहरें बढ़तीं, लहरें हटतीं,
जीवन से चंचल हैं लहरें,
जीवन से अस्थिर है सागर।

है आज भरा जीवन मुझमें,
है आज भरी मेरी गागर!

2

नभ का जीवन प्रति रजनी में
कर उठता है जगमग-जगमग,
जलकर तारक-दल-दीपों में,
सज नीलम का प्रासाद सुभग,

दिन में पट रंग-बिरंगे औ'
सतरंगे बनकर तन ढकता,

प्रातः सायं कलरव करता
बन चंचल-पर दल के दल खग,

प्रावृट में विद्युत में हँसता,
रोता बादल की बूँदों में,
करती है व्यक्त धरा जीवन,
होकर तृणमय, होकर उर्वर।

है आज भरा जीवन मुझमें,
है आज भरी मेरी गागर!

3

मारुत का जीवन बहता है
गिरि-कानन पर करता हर-हर,
तरुवर-लतिकाओं का जीवन
कर उठता है मर्मर-मर्मर,

पल्लव का पर बन अम्बर में
उड़ जाने की इच्छा करता,

शाखाओं का, झूमा करता
दाएँ-बाएँ नीचे-ऊपर,

तृण शिशु, जिनका हो पाया है
अब तक मुखरित कल कंठ नहीं,
दिखला देते अपना जीवन
फड़का अपने अनजान अधर।

है आज भरा जीवन मुझमें,
है आज भरी मेरी गागर!

4

जल में, थल में, नभमण्डल में
है जीवन की धारा बहती,
संसृति के कूल-किनारों को
प्रति क्षण सिंचित करती रहती,

इस धारा के तट पर ही है
मेरी यह सुन्दर-सी बस्ती–

सुन्दर-सी नगरी जिसको है
सब दुनिया मधुशाला कहती;

मैं हूँ इस नगरी की रानी,
इसकी देवी, इसकी प्रतिमा,
इससे मेरा सम्बन्ध अटल,
इससे मेरा सम्बन्ध अमर।

है आज भरा जीवन मुझमें,
है आज भरी मेरी गागर!

5

पल ड्योढ़ी पर, पल आँगन में,
पल छज्जों और झरोखों पर
मैं क्यों न रहूँ जब आने को
मेरे मधु के प्रेमी सुन्दर,

जब खोज किसी की हम करते
दृग दूर क्षितिज की ओर सभी,

किस विधि से मैं गम्भीर बनूँ
अपने नयनों को नीचे कर,

मरु की नीरवता का अभिनय
मैं कर ही कैसे सकती हूँ,
जब निष्कारण ही आज रहे
मुस्कान-हँसी के निर्झर झर।

है आज भरा जीवन मुझमें,
है आज भरी मेरी गागर!

6

मैं थिर होकर कैसे बैठूँ,
जब हो उठते हैं पाँव चपल,
मैं मौन खड़ी किस भाँति रहूँ,
जब हैं बज उठते पग-पायल,

जब मधुघट के आधार बने,
कर क्यों न झुकें, झूमें, घूमें,

किस भाँति रहूँ मैं मुख मूँदे,
जब उड़-उड़ जाता है अंचल;

मैं नाच रही मदिरालय में,
मैं और नहीं कुछ कर सकती,
है आज गया कोई मेरे
तन में, प्राणों में यौवन भर।

है आज भरा जीवन मुझमें,
है आज भरी मेरी गागर!

7

भावों से ऐसा पूर्ण हृदय
बातें भी मेरी साधारण,
उर से उठकर मुख तक आते-
आते बन जाती हैं गायन;

जब लौट प्रतिध्वनि आती है
अचरज होता है तब मुझको—

हो आज गईं मधु सौरभ से
क्या जड़ दीवारें भी चेतन!

गुञ्जित करती मदिरालय को,
लाचार यही मैं करने को,
अपने से ही फूटा पड़ता
मुझमें लय-ताल-बँधा मधु स्वर।

है आज भरा जीवन मुझमें,
है आज भरी मेरी गागर!

8

गिरि में न समा उन्माद सका
तब झरनों में बाहर आया,
झरनों की ही थी मादकता
जिसको सर-सरिता ने पाया,

जब सँभल सका उल्लास नहीं
नदियों से, अंबुधि को आईं,

अंबुधि की उमड़ी मस्ती को
नीरद ने भू पर बरसाया;

मलयानिल को निज सौरभ दे
मधुवन कुछ हल्का हो जाता,
मैं कर देती मदिरा वितरित
जाता उर से कुछ भार उतर।

है आज भरा जीवन मुझमें,
है आज भरी मेरी गागर!

9

तन की क्षणभंगुर नौका पर
चढ़कर, हे यात्री, तू आया,
तूने नानाविधि नगरों को
होगा जीवन-तट पर पाया,

जड़ शुष्क उन्हें देखा होगा,
रक्षित-सीमित प्राचीरों से,

इस नगरी में पाई होगी;
अपने उर की स्वप्निल छाया;

है शुष्क सत्य यदि उपयोगी
तो सुखदायक है स्वप्न सरस
सुख भी जीवन का अंश अमर,
मत जग से डर, कुछ देर ठहर।

है आज भरा जीवन मुझमें,
है आज भरी मेरी गागर!

10

जीवन में दोनों आते हैं
मिट्टी के पल, सोने के क्षण,
जीवन से दोनों जाते हैं
पाने के पल, खोने के क्षण;

हम जिस क्षण में जो करते हैं
हम बाध्य वही हैं करने को,

हँसने के क्षण पाकर हँसते,
रोते हैं पा रोने के क्षण;

विस्मृति की आई है वेला,
कर, पांथ, न इसकी अवहेला,
आ, भूलें, हास-रुदन दोनों
मधुमय होकर दो-चार पहर।

है आज भरा जीवन मुझमें,
है आज भरी मेरी गागर!

कवि की वासना

कह रहा जग वासनामय
हो रहा उद्गार मेरा!

1

सृष्टि के प्रारम्भ में
मैंने उषा के गाल चूमे,
बाल रवि के भाग्यवाले
दीप्त भाल विशाल चूमे,

प्रथम संध्या के अरुण दृग
चूमकर मैंने सुलाए,

तारिका-कलि से सुसज्जित
नव निशा के बाल चूमे,

वायु के रसमय अधर
पहले सके छू होठ मेरे
मृत्तिका की पुतलियों से
आज क्या अभिसार मेरा!

कह रहा जग वासनामय
हो रहा उद्गार मेरा!

2

विगत-बाल्य वसुन्धरा के
उच्च तुंग-उरोज उभरे,
तरु उगे हरिताभ पट धर
काम के ध्वज मत्त फहरे,

चपल उच्छृंखल करों ने
जो किया उत्पात उस दिन,

है हथेली पर लिखा वह,
पढ़ भले ही विश्व हहरे;

प्यास वारिधि से बुझाकर
भी रहा अतृप्त हूँ मैं,
कामिनी के कुच-कलश से
आज कैसा प्यार मेरा!

कह रहा जग वासनामय
हो रहा उद्गार मेरा!

3

इन्द्रधनु पर शीश धरकर
बादलों की सेज सुखकर
सो चुका हूँ नींद भर मैं
चंचला को बाहु में भर,

दीप रवि-शशि-तारकों ने
बाहरी कुछ केलि देखी,

देख, पर, पाया न कोई
स्वप्न वे सुकुमार सुन्दर

जो पलक पर कर निछावर
थी गई मधु यामिनी वह;
यह समाधि बनी हुई है,
यह न शयनागार मेरा!

कह रहा जग वासनामय
हो रहा उद्‌गार मेरा!

4

आज मिट्टी से घिरा हूँ
पर उमंगें हैं पुरानी,
सोमरस जो पी चुका है
आज उसके हाथ पानी,

होंठ प्यालों पर झुके तो
थे विवश इसके लिए वे,

प्यास का व्रत धार बैठा;
आज है मन, किन्तु मानी;

मैं नहीं हूँ देह-धर्मों से
बँधा, जग, जान ले तू,
तन विकृत हो जाय लेकिन
मन सदा अविकार मेरा!

कह रहा जग वासनामय
हो रहा उद्गार मेरा!

5

निष्परिश्रम छोड़ जिनको
मोह लेता विश्व भर को,
मानवों को, सुर-असुर को,
वृद्ध ब्रह्मा, विष्णु, हर को,

भंग कर देता तपस्या
सिद्ध, ऋषि, मुनि सत्तमों की

वे सुमन के बाण मैंने,
ही दिए थे पंचशर को;

शक्ति रख कुछ पास अपने
ही दिया यह दान मैंने,
जीत पाएगा इन्हीं से
आज क्या मन मार मेरा!

कह रहा जग वासनामय
हो रहा उद्गार मेरा!

6

प्राण प्राणों से सकें मिल
किस तरह, दीवार है तन
काल है घड़ियाँ न गिनता,
बेड़ियों का शब्द-झन-झन,

वेद-लोकाचार प्रहरी
ताकते हर चाल मेरी,

बद्ध इस वातावरण में
क्या करे अभिलाष यौवन!

अल्पतम इच्छा यहाँ,
मेरी बनी बन्दी पड़ी है,
विश्व क्रीड़ास्थल नहीं रे
विश्व कारागार मेरा!

कह रहा जग वासनामय
हो रहा उद्‌गार मेरा!

7

थी तृषा जब शीत जल की
खा लिए अंगार मैंने,
चीथड़ों से उस दिवस था
कर लिया शृंगार मैंने

राजसी पट पहनने को
जब हुई इच्छा प्रबल थी,

चाह-संचय में लुटाया
था भरा भंडार मैंने;

वासना जब तीव्रतम थी
बन गया था संयमी मैं,
है रही मेरी क्षुधा ही
सर्वदा आहार मेरा!

कह रहा जग वासनामय
हो रहा उद्गार मेरा!

8

कल छिड़ी, होगी ख़तम कल
प्रेम की मेरी कहानी,
कौन हूँ मैं, जो रहेगी
विश्व में मेरी निशानी?

क्या किया मैंने नहीं जो
कर चुका संसार अब तक?

वृद्ध जग को क्यों अखरती
है क्षणिक मेरी जवानी?

मैं छिपाना जानता तो
जग मुझे साधू समझता,
शत्रु मेरा बन गया है
छल-रहित व्यवहार मेरा!

कह रहा जग वासनामय
हो रहा उद्‌गार मेरा!

सुषमा

1

किसी समय ज्ञानी, कवि, प्रेमी,
तीनों एक ठौर आए,

सुषमा ही से थे सबने
अपने मन-वांछित फल पाए।

सुषमा ही उपास्य देवी थीं
तीनों की त्रय कालों में,

पर विचार सुषमा पर सबने
अलग-अलग ही ठहराए!

2

‘वह सुषमा थी नहीं, न उसने
तुझको अगर प्रकाश दिया।’
‘वह सुषमा थी नहीं, न उसने
तुझे अगर उन्मत्त किया।’

ज्ञानी औ’ कवि की वाणी सुन
प्रेमी आहें भर बोला,

‘सुषमा न थी, नहीं यदि उसने
आत्मसात कर मुझे लिया!’

3

एक व्यक्ति साधारण उनकी
बातें सुनने को आया,
मौन हुए जब तीनों तब वह
उच्च स्वर से चिल्लाया,

'मूढ़ो, मैंने अब तक उसको
कभी नहीं सुषमा समझा

जिसके निकट पहुँचते ही
आनन्द नहीं मैंने पाया!'

4

एक बिन्दु पर अब तीनों के
मिल जाने की आशा थी,
क्या अन्तिम ही सबसे अच्छी
सुषमा की परिभाषा थी?

कवि की निराशा

पूछता जग, है निराशा से
भरा क्यों गान मेरा?

1

मुसकरा कठिनाइयों—
आपत्तियों को दूर टाला,
धैर्य धरकर संकटों में
खूब अपने को सँभाला,

किन्तु जब पर्वत पड़ा आ
शीश पर, मैं सह न पाया,

जब उठा हो भार जीवन
तब लगाया होंठ प्याला;

व्यर्थ कर दिन-रात निन्दा
विश्व ने जिह्वा थकाई,
था बहाना एक मन-
बहलाव का मधुपान मेरा।

पूछता जग, है निराशा से
भरा क्यों गान मेरा?

2

है चमकता जो सितारा
वह प्रभा से हीन होगा,
बढ़ रहा जो चाँद नभ में
एक दिन फिर क्षीण होगा,

क्षीण होगा पूर्ण फिर से,
म्लान फिर द्युतिमान होगा,

भ्रांत इस आवर्त में ही
विश्व-जीवन लीन होगा;

किस विजय पर ढोल पीटूँ,
किस पराजय पर धुनूँ सिर?
रात-दिन-सा जड़ नियम से
बद्ध पतनोत्थान मेरा।

पूछता जग, है निराशा से
भरा क्यों गान मेरा?

3

खिल मृदुल-सुकुमार कलिका-
पुष्प मुरझाने न पाए,
लहलहाते उपवनों में
वायु पतझड़ की न आए,

कोकिला सकरुण स्वरों में
मत विदा माँगें द्रुमों से,

हों न झूठे स्वप्न कवि के
जो गए युग-युग सजाए—

यह न हो तो किन सुखों का
गीत मुखरित कण्ठ से हो,
विश्व पूरा कर सका है
कौन-सा अरमान मेरा?

पूछता जग, है निराशा से
भरा क्यों गान मेरा?

4

वृद्ध विश्व अपूर्ण में मैं,
पुण्य मुझमें, पाप मुझमें,
हर बुराई, हर भलाई की
मिलेगी छाप मुझमें,

पात्र अपयश का अकेला
यदि, प्रकट अन्याय जग का,

साथ दोषों के गुणों की
भी बनी है माप मुझमें;

मैं जगत के वास्ते
अभिशाप हूँ, वरदान भी हूँ;
छा गया अभिशाप लेकिन
छिप गया वरदान मेरा।

पूछता जग, है निराशा से
भरा क्यों गान मेरा?

5

देख अलका पाद-लुंठित
गर्व के कारण न फूला,
कर सका उपहास लय का
किन्तु अपने को न भूला

स्वर्ग को आशीष देकर
भूमि को मैं सिर झुकाऊँ!

जब उमड़ता सिंधु उर में
क्या खुशी पाकर बबूला;

एक मेरे लघु चरण से
नप गया वैभव धरा का!
कर सकेगी दीन जगती
किस तरह सम्मान मेरा?

पूछता जग, है निराशा से
भरा क्यों गान मेरा?

6

तेज था विश्वास का उर में
कभी, अब तो अँधेरा,
आज तो संदेह-शंका ने
लिया है डाल डेरा,

पथ बताए कौन, सब तो
हैं भटकते - भूलते - से,

मच रहा है शोर, 'मत है
ठीक मेरा, ठीक मेरा!'

हर दिशा की ओर बढ़ता,
लौटता, फिर दौड़ता है;
है किधर मंज़िल, न पाया
जान जीवन-यान मेरा!

पूछता जग, है निराशा से
भरा क्यों गान मेरा?

7

एक मधुवन बीच विचरित
दूसरा पग स्थित मरुस्थल,
एक में जीवन-सुधा-रस
दूसरे कर में हलाहल,

सुन रहा नन्दन परी का
गान, क्रन्दन भिक्षुणी का,

देखता हूँ तम सघन की
गोद में मैं ज्योति निर्मल;

आज आशा, कल निराशा,
फिर हृदय में शून्य-सा कुछ,
कुछ विरोधी कण-समूहों से
हुआ निर्माण मेरा।

पूछता जग, है निराशा से
भरा क्यों गान मेरा?

8

कल्पना-पथ अनुसरण कर
मैं नियति के घर पधारा,
आँख मूँदे लिख रही थी
एक पुस्तक वह उदारा,

'यह कथा तेरी', कहा उसने
तथा वह पुस्तिका दी,

खोलते ही पृष्ठ पहला
कँप उठा तन-प्राण सारा,

'भूमिका' पढ़कर पड़ा रो
यह गगन-स्वप्नाभिलाषी,
'आज-कल' अध्याय दो में
पूर्ण लघु आख्यान मेरा!

पूछता जग, है निराशा से
भरा क्यों गान मेरा?

9

एक दिन मैंने लिया था
काल से कुछ श्वास का ऋण,
आज भी उसको चुकाता,
ले रहा वह क्रूर गिन-गिन,

व्याज में मुझसे उगाहा
है हृदय का गान उसने,

किन्तु होने से उऋण अब
शेष केवल और दो दिन,

फिर पड़ूँगा तान चादर
सर्वथा निश्चिंत होकर
भूलकर जग ने किया किस-
किस तरह अपमान मेरा।

पूछता जग, है निराशा से
भरा क्यों गान मेरा?

10

क्यों लगा रजकण सँजोने
त्याग कुंदन का डला मैं?
क्यों फिरा कंटक वनों में?
छोड़ पथ फूला-फला मैं?

हास विद्युत का हटा क्यों
अश्रु-धारा में बरसता?

था सुधा में जब निमज्जित
क्यों गरल पीने चला मैं?—

बूझ दुनिया यह पहेली
जान कुछ मुझको सकेगी,
हो चुकेगा किन्तु इसके
पूर्व ही अवसान मेरा!

पूछता जग, है निराशा से
भरा क्यों गान मेरा?

री हरियाली!

छा रही कण-कण अवनि का,
छा, सजनि, मेरा हृदय भी!

1

गुंबदों, छत-छप्परों पर,
मार्ग में, मैदान में तू,
सिक्त सरिता के तटों पर,
खेत में, खलिहान में तू,

फूस मिट्टी से बनाए
खेतिहरों के झोंपड़ों पर,

ढाल, ढूह, पहाड़ियों पर
निम्न-उच्च स्थान में तू!

डालता सब पर सदा कवि
निज हृदय की स्नेह छाया,
किंतु लज्जित आज तुझको
देख उसका उर सदय भी।

छा रही कण-कण अवनि का,
छा, सजनि, मेरा हृदय भी!

2

जड़ जगत के साथ चेतन
का रही रख ध्यान तू है,
दे रही कृश पशु दलों को
आज तृण का दान तू है,

नारियों के पट, पुरुष की
पाग अपने रंग रँगती,

भर रही नव युवतियों के
कंठ में कल गान तू है,

रँग हथेली लाल उनकी
झूलनों में है झुलाती,
विश्व-सुख में भूलता कवि
आज निज दुख का समय भी।

छा रही कण-कण अवनि का,
छा, सजनि, मेरा हृदय भी!

3

आज हर्षित नभ धरणि पर
देख अपनी श्याम छाया,
बादलों ने आज अपने
आँसुओं का मोल पाया,

भूलकर मारुत मलय-गिरि
लोटता तृण-सेज पर है,

कौन कहता घास हिलती,
आज भूतल मुसकराया।

कौन खुश होता नहीं यह
देख मरकत-राशि बिखरी,
हो सभी के हेतु सुखकर,
हो अगर मेरा उदय भी।

छा रही कण-कण अवनि का,
छा, सजनि, मेरा हृदय भी!

4

मानता, कुछ मास रवि ने
था धरातल को तपाया,
सोख रस रज के कणों का
अग्नि कण-सा था बनाया,

दिन फिरे फिर, घन घिरे फिर,
सरसता हर ओर फैली

और प्रति कण को मिली फिर,
स्निग्ध तेरी छत्र-छाया;

मैं हृदय में अग्नि लेकर
एक युग से जल रहा हूँ,
शेष उर में कुछ दया तो
आज सुन मेरी विनय भी।

छा रही कण-कण अवनि का,
छा, सजनि, मेरा हृदय भी!

5

स्वर्ग-शोभन कल्पतरु औ,
देव-प्रिय मंदार सुंदर
कर रहे निर्विघ्न शासन
आदि युग से कवि-हृदय पर,

नव रसाल, कदंब ने मन
पर किया अधिकार कब से,

चित्त वश में कर चुके हैं
कंज, कुंद, शिरीष, केसर;

निम्नतम तू, किन्तु मैं तो
नम्रतम बनने चला हूँ,
आँक मेरे उर-पटल पर
आज तू अपनी विजय भी!

छा रही कण-कण अवनि का,
छा, सजनि, मेरा हृदय भी !

कवि का गीत

गीत कह इसको न, दुनिया,
यह दुखों की माप मेरे!

1

काम क्या समझूँ न हो यदि
गाँठ उर की खोलने को?
संग क्या समझूँ किसी का
हो न मन यदि बोलने को?

जानता क्या क्षीण जीवन ने
उठाया भार कितना,

बाट में रखता न यदि
उच्छ्वास अपने तोलने को?

हैं वही उच्छ्वास कल के
आज सुखमय राग जग में,
आज मधुमय गान, कल के
दग्ध-कंठ प्रलाप मेरे।

गीत कह इसको न, दुनिया,
यह दुखों की माप मेरे!

2

उच्चतम गिरि के शिखर को
लक्ष्य जब मैंने बनाया,
गर्व से उन्मत्त होकर
शीश मानव ने उठाया,

ध्येय पर पहुँचा, विजय के
नाद से संसार गूँजा,

खूब गूँजा किन्तु कोई
गीत का स्वर सुन न पाया;

आज कण-कण से ध्वनित
झंकार होगी नूपुरों की,
खड्ग-जीवन-धार पर अब
हैं उठे पद काँप मेरे।

गीत कह इसको न, दुनिया,
यह दुखों की माप मेरे!

3

गान हो जब गूँजने को
विश्व में, क्रन्दन करूँ मैं,
हो गमकने को सुरभि जब
विश्व में, आहें भरूँ मैं,

विश्व बनने को सरस हो
जब, गिराऊँ अश्रु मैं तब,

विश्व-जीवन-ज्योति जागे,
इसलिए जलकर मरूँ मैं!

बोल किस आवेश में तू
स्वर्ग से यह माँग बैठा?–
पुण्य जब जग के उदय हों
तब उदय हों पाप मेरे!

गीत कह इसको न, दुनिया,
यह दुखों की माप मेरे!

4

चुभ रहा था जो हृदय में
एक तीखा शूल बनकर,
विश्व के कर में पड़ा वह
कल्पतरु का फूल बनकर,

सीखता संसार अब है
ज्ञान का प्रिय पाठ जिससे,

प्राप्त वह मुझको हुई थी
एक भीषण भूल बनकर;

था जगत का और मेरा
यदि कभी सम्बन्ध तो यह–
विश्व को वरदान थे जो
थे वही अभिशाप मेरे!

गीत कह इसको न, दुनिया,
यह दुखों की माप मेरे !

5

भावना के पुष्प अपनी
सूत्र-वाणी में पिरोकर,
धर दिये मैंने खुशी से
विश्व के विस्तीर्ण पथ पर,

कौन है सिर पर चढ़ाता,
कौन ठुकराता पगों से,

कौन है करता उपेक्षा,
मुड़ कभी देखा न पल भर;

थी बड़ी नाज़ुक धरोहर,
था बड़ा दायित्व मुझ पर,
अब नहीं चिन्ता इन्हें
झुलसा न दें सन्ताप मेरे।

गीत कह इसको न, दुनिया,
यह दुखों की माप मेरे!

पथभ्रष्ट

हैं कुपथ पर पाँव मेरे
आज दुनिया की नज़र में!

1

पार तम के दीख पड़ता
एक दीपक झिलमिलाता,
जा रहा उस ओर हूँ मैं
मत्त-मधुमय गीत गाता,

इस कुपथ पर या सुपथ पर
मैं अकेला ही नहीं हूँ,

जानता हूँ, क्यों जगत फिर
उँगलियाँ मुझपर उठाता–

मौन रहकर इस लहर के
साथ संगी बह रहे हैं,
एक मेरी ही उमंगें
हो उठी हैं व्यक्त स्वर में।

हैं कुपथ पर पाँव मेरे
आज दुनिया की नज़र में।

2

क्यों बताऊँ पोत कितने
पार हैं इसने लगाए?
क्यों बताऊँ वृक्ष कितने
तीर के इसने गिराए?

उर्वरा कितनी धरा को
कर चुकी यह क्यों बताऊँ?

क्यों बताऊँ गीत कितने
इस लहर ने हैं लिखाए

कूल पर बैठे कवि से
किसी दुख की घड़ी में?
क्या नहीं पर्याप्त इतना
जानना, गति है लहर में?

हैं कुपथ पर पाँव मेरे
आज दुनिया की नज़र में!

3

फल भरे तरु तोड़ डाले
शान्त मत लेकिन पवन हो,
वज्र घन चाहे गिराए
किन्तु मत सूना गगन हो,

बढ़ बहा दे बस्तियों को
पर न हो जलहीन सरिता,

हो न ऊसर देश चाहे
कण्टकों का एक वन हो!

पाप की ही गैल पर
चलते हुए ये पाँव मेरे
हँस रहे हैं उन पगों पर
जो बँधे हैं आज घर में।

हैं कुपथ पर पाँव मेरे
आज दुनिया की नज़र में।

4

यह नहीं, सुनता नहीं, जो
शंख की ध्वनि आ रही है,
देव-मन्दिर में जनों को
साधिकार बुला रही है,

कान में आतीं अज़ानें,
मस्जिदों का यह निमन्त्रण,

और ही सन्देश देती
किन्तु बुलबुल गा रही है!

रक्त से सींची गई है
राह मन्दिर-मस्जिदों की,
किन्तु रखना चाहता मैं
पाँव मधु-सिंचित डगर में।

हैं कुपथ पर पाँव मेरे
आज दुनिया की नज़र में!

5

है न वह व्यक्तित्व मेरा
जिस तरफ़ मेरा क़दम हो,
उस तरफ़ जाना जगत के
वास्ते कल से नियम हो,

औलिया-आचार्य बनने की
नहीं अभिलाष मेरी,

किसलिए संसार तुझको
देख मेरी चाल ग़म हो?

जो चले युग-युग चरण ध्रुव
धर मिटे पद-चिह्न उनके,
पद प्रकंपित, हाय, अंकित
क्या करोगे दो प्रहर में!

हैं कुपथ पर पाँव मेरे
आज दुनिया की नज़र में!

6

मैं कहाँ हूँ और वह
आदर्श मधुशाला कहाँ है!
विस्मरण दे जागरण के
साथ, मधुबाला कहाँ है!

है कहाँ प्याला कि जो दे
चिर तृषा चिर तृप्ति में भी!

जो डुबो तो ले मगर दे
पार कर, हाला कहाँ है!

देख भीगे होंठ मेरे
और कुछ सन्देह मत कर,
रक्त मेरे ही हृदय का
है लगा मेरे अधर में!

हैं कुपथ पर पाँव मेरे
आज दुनिया की नज़र में!

7

सोचता है विश्व, कवि ने
कक्ष में बहु विधि सजाए,
मदिर-नयना यौवना को
गोद में अपनी बिठाए,

होंठ से उसके विचुम्बित
प्यालियों को रिक्त करते,

झूमते उन्मत्तता से
ये सुरा के गान गाए!

राग के पीछे छिपा
चीत्कार कह देगा किसी दिन,
हैं लिखे मधुगीत मैंने
हो खड़े जीवन समर में!

हैं कुपथ पर पाँव मेरे
आज दुनिया की नज़र में!

8

पाँव चलने को विवश थे
जब विवेक-विहीन था मन,
आज तो मस्तिष्क दूषित
कर चुके पथ के मलिन कण,

मैं इसी से क्या करूँ
अच्छे-बुरे का भेद, भाई,

लौटना भी तो कठिन है
चल चुका युग एक जीवन;

हो नियति इच्छा तुम्हारी
पूर्ण, मैं चलता चलूँगा,
पथ सभी मिल एक होंगे
तम-घिरे यम के नगर में।

हैं कुपथ पर पाँव मेरे
आज दुनिया की नज़र में!

कवि का उपहास

विश्व में उपहास जिसका
वह कभी थी आह मेरी।

1

तप रहा दिन-दिन दिवाकर;
ज्योति जीवन ले रहा है,
रो रहा सागर अहर्निश,
विश्व नौका खे रहा है,

जल रहा नभ का हृदय, निज
पथ-दिशा यात्री समझता,

क्यों न इसकी वेदना पर
ध्यान कोई दे रहा है?

इन महान विभूतियों के
सामने मैं तुच्छ मानव,
क्यों लगी होने किसी को
फिर भला परवाह मेरी?

विश्व में उपहास जिसका
वह कभी थी आह मेरी।

2

जब कि मेरे साथ रोया
खोलकर जी घन सघन था,
अश्रु-मुक्ता देख बलि-बलि
जब हुआ उड्मय गगन था,

जब कि अंबुधि हो उठा
विक्षुब्ध था मेरी व्यथा से,

कर चुका निःश्वास मेरा
विश्वव्यापी जब पवन था,

जब कि मेरे गान-रोदन
में प्रकृति थी साथ मेरे,
मानवी सम्वेदना की
तब हुई क्यों चाह मेरी?

विश्व में उपहास जिसका
वह कभी थी आह मेरी।

3

उस जगह जल-धार बहती
जिस जगह पर है तृषाकुल,
फूल हैं उस ठौर फूले
बोलती जिस ठौर बुलबुल,

कूकता पिक है जहाँ पर
हैं वहाँ अमराइयाँ भी,

भेद मेरे लोक-गायन
का गया इस रीति से खुल;

बढ़ चले जब पाँव मेरे
भावना के पंथ पर यों,
सिद्ध है कोई प्रतीक्षा
कर रहा सोत्साह मेरी।

विश्व में उपहास जिसका
वह कभी थी आह मेरी।

4

वृष्टि का होना सफल, यदि
एक भी तृण हो धरणि पर,
एक भी तरु मंजरित यदि,
व्यर्थ कोयल का नहीं स्वर,

वायु का बहना निरन्तर
मैं नहीं कहता निरर्थक,

एक सर लहरा उठे यदि,
कर उठे द्रुम एक मरमर;

है नहीं निष्फल कभी यह
गीतमय अस्तित्व मेरा,
प्रतिध्वनित यदि एक उर में
एक क्षीण कराह मेरी!

विश्व में उपहास जिसका
वह कभी थी आह मेरी।

5

चाँद था सुन्दर नहीं जब-
तक न था मैंने निहारा,
आँख की मेरी चमक ले
चमचमाया था सितारा,

प्रात को मेरे मुकुर-उर
में मिली बिम्बित विभा निज,

विश्व ने सौन्दर्य देखा
नित्य मेरे नेत्र द्वारा,

देख अपना रूप जग जब
गर्व करता, मैं समझता
वह रहा इस भाँति सत्ता
भूरि-भूरि सराह मेरी।

विश्व में उपहास जिसका
वह कभी थी आह मेरी।

6

शंख की ध्वनि यदि ज़रूरी,
झाँझ की झनकार भी है,
काठ की माला ज़रूरी
यदि, कुसुम का हार भी है,

शुष्क ज्ञानी चाहिए तो
चाहिए रससिद्ध कवि भी,

सत्य आवश्यक अगर है,
स्वप्न की दरकार भी है,

स्वप्न–जिनको व्योम से मैं
बीच मन के खींच लाता,
है गड़ी यद्यपि धरा की
ओर आज निगाह मेरी।

विश्व में उपहास जिसका
वह कभी थी आह मेरी।

7

अग्रसर होता अधर में
कल्पना-खग पर सँवर जब,
अश्व द्वादश अंशुमाली
के न पा सकते मुझे तब,

पल चढ़ा आकाश में हूँ,
पल पड़ा पाताल में हूँ,

चंचला को भी चपलता
मिल सकी मुझ-सी भला कब?

आज मिट्टी के खिलौने
हाथ हैं मुझ तक बढ़ाते,
छू नहीं सकते कभी वे
स्वप्न में भी छाँह मेरी।

विश्व में उपहास जिसका
वह कभी थी आह मेरी।

8

बाहु-बल से ही तरंगों
की अनी से होड़ लेता,
कूलहीन समुद्र में
निःशंक नौका छोड़ देता,

बाँधता पल में हृदय का
सेतु अंबर से अवनि तक,

धार को भी अति प्रबल
विपरीत उसके मोड़ देता;

नद न झरना, सर न सरिता,
कूप-वापी में न गिनती,
बूँद स्याही की भला क्या
रोक लेगी राह मेरी।

विश्व में उपहास जिसका
वह कभी थी आह मेरी।

9

बन्द था, बाहर हुआ दृढ़
वक्ष गिरि का चीरकर मैं,
रुद्ध था, द्रुतगति हुआ
अज्ञात पथ पर पाँव धर मैं,

मौन था, मुखरित हुआ
स्वच्छंदता के गीत गाता,

विश्व के कारागृहों की
भित्तियों से हो निडर मैं;

खोजता मेरा अजस्र प्रवाह
उर कोई उदधि-सा,
लेखनी से ले नहीं सकता
कभी जग थाह मेरी।

विश्व में उपहास जिसका
वह कभी थी आह मेरी।

10

मैं हँसा जितना कि खुद पर,
कौन हँस मुझ पर सकेगा?
और जितना रो चुका हूँ,
रो नहीं निर्झर सकेगा।

मैं स्वयं करता रहा हूँ
जिस तरह प्रतिरोध अपना,

मानवों में कौन मेरा
उस तरह से कर सकेगा?

हाथ ले बुझती मशालें
जग चला मुझको जलाने,
जल उठीं छूकर मुझे वे
धन्य अन्तर्दाह मेरी!

विश्व में उपहास जिसका
वह कभी थी आह मेरी।

माँझी

धूलिमय नभ, क्या इसी से
बाँध दूँ मैं नाव तट पर?

1

देखते ही देखते अति
वेग से कर शब्द सन-सन
टूट पृथ्वी पर पड़ेगा
पश्चिमी नभ से प्रभंजन,

भीत हो सारी दिशाएँ
घन तिमिर में जा छिपेंगी,

जायगा भर घोर हाहाकार
से वन और उपवन,

हो विकल-विह्वल तरंगें
उठ गिरेंगी, गिर उठेंगी,
जल थपेड़े खा उठेगी
काँप मेरी नाव थर-थर।

धूलिमय नभ, क्या इसी से
बाँध दूँ मैं नाव तट पर?

2

प्रात की स्वर्णिम विभा में,
और दिन की रोशनी में,
सांध्य नभ की लालिमा में,
श्वेत-शीतल चाँदनी में,

वायु के अनुकूल अपना
पाल फैलाता, गिराता

मैं चुका हूँ घूम गाता
स्वच्छ-जल कल्लोलिनी में;

आज मैं तम तोम आता
देखकर पीछे हटूँ यदि,
काम किस दिन आ सकेगी
जो रही जग ज्वाल अंदर?

धूलिमय नभ, क्या इसी से
बाँध दूँ मैं नाव तट पर?

3

ठीक, लहरों से प्रताड़ित
हो करेगी नाव चरमर,
फेन फैलाता तटों पर
कर उठेगा नीर छरछर,

व्योम के सुनसान घर में
शब्द सनसन भर उठेगा,

कर चलेगी तीर पर
फैली हुई वन-राजि हरहर;

किन्तु इतने से भला वह
किस तरह हो मौन बैठे,
विश्व का चीत्कार गाने
जो चला है राग में भर!

धूलिमय नभ, क्या इसी से
बाँध दूँ मैं नाव तट पर?

4

जायगा उड़ पाल होकर
तार-तार विशद गगन में,
टूटकर मस्तूल सिर पर
आ गिरेगा एक क्षण में,

नाव से होकर अलग
पतवार धारा में बहेगी,

डाँड छूटेगा करों से,
पर बचा यदि प्राण तन में

तैर कर ही क्या न अपने
ध्येय को मैं पा सकूँगा;
मथ चुके हैं कर न जाने
बार कितनी विश्व-सागर!

धूलिमय नभ, क्या इसी से
बाँध दूँ मैं नाव तट पर?

5

आज है अस्थिर गगन,
अस्थिर सलिल-तल हो रहा है,
किन्तु अस्थिर हो न माँझी
धैर्य अपना खो रहा है,

झेलने को इस बड़े
तूफ़ान के झोंके-झकोरे

मानवी सम्पूर्ण साहस
वक्ष बीच सँजो रहा है;

अवनि-अंबर की तराज़ू
सामने रख दी गई है,
क्यों न तोलूँ आज अपनी
शक्ति इस पर गर्व से धर?

धूलिमय नभ, क्या इसी से
बाँध दूँ मैं नाव तट पर?

लहरों का निमन्त्रण

तीर पर कैसे रुकूँ मैं,
आज लहरों में निमन्त्रण!

1

रात का अन्तिम प्रहर है,
झिलमिलाते हैं सितारे,
वक्ष पर युग बाहु बाँधे
मैं खड़ा सागर किनारे,

वेग से बहता प्रभंजन
केश-त्तट मेरे उड़ाता,

शून्य में भरता उदधि-
उर की रहस्यमयी पुकारें;

इन पुकारों की प्रतिध्वनि
हो रही मेरे हृदय में,
है प्रतिच्छायित जहाँ पर
सिन्धु का हिल्लोल-कंपन।

तीर पर कैसे रुकूँ मैं,
आज लहरों में निमन्त्रण!

2

विश्व की सम्पूर्ण पीड़ा
सम्मिलित हो रो रही है,
शुष्क पृथ्वी आँसुओं से
पाँव अपने धो रही है,

इस धरा पर जो बसी दुनिया
यही अनुरूप उसके—

इस व्यथा से हो न विचलित
नींद सुख की सो रही है;

क्यों धरणि अब तक न गलकर
लीन जलनिधि में गई हो?
देखते क्यों नेत्र कवि के
भूमि पर जड़-तुल्य जीवन?

तीर पर कैसे रुकूँ मैं,
आज लहरों में निमन्त्रण!

3

जड़ जगत में वास कर भी
जड़ नहीं व्यवहार कवि का,
भावनाओं से विनिर्मित
और ही संसार कवि का,

बूँद के उच्छ्वास को भी
अनसुनी करता नहीं वह,

किस तरह होता उपेक्षा-
पात्र पारावार कवि का,

विश्व-पीड़ा से, सुपरिचित
हो तरल बनने, पिघलने,
त्यागकर आया यहाँ कवि
स्वप्न-लोकों के प्रलोभन।

तीर पर कैसे रुकूँ मैं,
आज लहरों में निमन्त्रण!

4

जिस तरह मरु के हृदय में
है कहीं लहरा रहा सर,
जिस तरह पावन पवन में
है पपीहे का छिपा स्वर,

जिस तरह अश्रु-आहों से
भरी कवि की निशा में

नींद की परियाँ बनातीं
कल्पना का लोक सुखकर,

सिन्धु के इस तीव्र
हाहाकार ने, विश्वास मेरा,
है छिपा रक्खा कहीं पर
एक रस-परिपूर्ण गायन।

तीर पर कैसे रुकूँ मैं,
आज लहरों में निमन्त्रण!

5

नेत्र सहसा आज मेरे
तम-पटल के पार जाकर
देखते हैं रत्न-सीपी से
बना प्रासाद सुन्दर,

है खड़ी जिसमें उषा ले
दीप कुंचित रश्मियों का,

ज्योति में जिसकी सुनहली
सिन्धु कन्याएँ मनोहर

गूढ़ अर्थों से भरी मुद्रा
बनाकर गान करतीं,
और करतीं अति अलौकिक
ताल पर उन्मत्त नर्तन।

तीर पर कैसे रुकूँ मैं,
आज लहरों में निमन्त्रण!

6

मौन हो गन्धर्व बैठे
कर श्रवण इस गान का स्वर
वाद्य-यंत्रों पर चलाते
हैं नहीं अब हाथ किन्नर,

अप्सराओं के उठे जो
पग, उठे ही रह गए हैं,

कर्ण उत्सुक, नेत्र अपलक
साथ देवों के पुरंदर

एक अद्‌भुत और अविचल
चित्र-सा है जान पड़ता,
देव-बालाएँ विमानों से
रहीं कर पुष्प-वर्षण।

तीर पर कैसे रुकूँ मैं,
आज लहरों में निमन्त्रण!

7

दीर्घ उर में भी जलधि के
हैं नहीं खुशियाँ समातीं,
बोल सकता कुछ न, उठती
फूल बारंबार छाती!

हर्ष रत्नागार अपना
कुछ दिखा सकता जगत को,

भावनाओं से भरी यदि
यह फफककर फूट जाती;

सिन्धु जिस पर गर्व करता
और जिसकी अर्चना को
स्वर्ग झुकता, क्यों न उसके
प्रति करे कवि अर्घ्य अर्पण।

तीर पर कैसे रुकूँ मैं,
आज लहरों में निमन्त्रण!

8

आज अपने स्वप्न को मैं
सच बनाना चाहता हूँ,
दूर की इस कल्पना के
पास जाना चाहता हूँ,

चाहता हूँ तैर जाना
सामने अंबुधि पड़ा जो,

कुछ विभा उस पार की
इस पार लाना चाहता हूँ;

स्वर्ग के भी स्वप्न भू पर
देख उनसे दूर ही था,
किन्तु पाऊँगा नहीं कर
आज अपने पर नियन्त्रण।

तीर पर कैसे रुकूँ मैं,
आज लहरों में निमन्त्रण!

9

लौट आया यदि वहाँ से
तो यहाँ नव युग लगेगा,
नव प्रभाती गान सुनकर
भाग्य जगती का जगेगा,

शुष्क जड़ता शीघ्र बदलेगी
सरस चैतन्यता में,

यदि न पाया लौट, मुझको
लाभ जीवन का मिलेगा;

पर पहुँच ही यदि न पाया
व्यर्थ क्या प्रस्थान होगा?
कर सकूँगा विश्व में फिर
भी नए पथ का प्रदर्शन।

तीर पर कैसे रुकूँ मैं,
आज लहरों में निमन्त्रण!

10

स्थल गया है भर पथों से
नाम कितनों के गिनाऊँ,
स्थान बाकी हैं कहाँ पथ
एक अपना भी बनाऊँ?

विश्व तो चलता रहा है
थाम राह बनी-बनाई,

किन्तु इन पर किस तरह मैं
कवि-चरण अपने बढ़ाऊँ?

राह जल पर भी बनी है,
रूढ़ि, पर, न हुई कभी वह,
एक तिनका भी बना सकता
यहाँ पर मार्ग नूतन!

तीर पर कैसे रुकूँ मैं,
आज लहरों में निमन्त्रण!

11

देखता हूँ आँख के आगे
नया यह क्या तमाशा—
कर निकलकर दीर्घ जल से
हिल रहा करता मना-सा,

है हथेली-मध्य चित्रित
नीर-मग्नप्राय बेड़ा!

मैं इसे पहचानता हूँ,
है नहीं क्या यह निराशा?

हो पड़ीं उद्दाम इतनी
उर-उमंगें, अब न उनको
रोक सकता भय निराशा का,
न आशा का प्रवंचन।

तीर पर कैसे रुकूँ मैं,
आज लहरों में निमन्त्रण!

12

पोत अगणित इन तरंगों ने
डुबाए मानता मैं,
पार भी पहुँचे बहुत से—
बात यह भी जानता मैं,

किन्तु होता सत्य यदि यह
भी, सभी ज़लयान डूबे,

पार जाने की प्रतिज्ञा
आज बरबस ठानता मैं,

डूबता मैं, किन्तु उतराता
सदा व्यक्तित्व मेरा,
हों युवक डूबे भले ही
है कभी डूबा न यौवन!

तीर पर कैसे रुकूँ मैं,
आज लहरों में निमन्त्रण!

13

आ रहीं प्राची क्षितिज से
खींचने वाली सदाएँ,
मानवों के भाग्य-निर्णायक
सितारो, दो दुआएँ,

नाव, नाविक, फेर ले जा,
है नहीं कुछ काम इसका,

आज लहरों से उलझने को
फड़कती हैं भुजाएँ;

प्राप्त हो उस पार भी इस
पार-सा चाहे अँधेरा,
प्राप्त हो युग की उषा
चाहे लुटाती नव किरण-धन।

तीर पर कैसे रुकूँ मैं,
आज लहरों में निमन्त्रण!

(महाकवि कालिदास के 'मेघदूत' से साहित्यानुरागी संसार भलीभाँति परिचित है। उसे पढ़कर जो भावनाएँ हृदय में जाग्रत होती हैं, उन्हें ही मैंने निम्नलिखित कविता में पद्यबद्ध किया है। भक्त गंगा की धारा में खड़ा होता है और उसी के जल से अपनी अंजलि भरकर गंगा को समर्पित कर देता है। इस अंजलि में उसका अपना क्या रहता है, सिवा उसकी श्रद्धा के? मैंने भी महाकवि की मन्दाक्रान्ता की मन्द गति से प्रवाहित होने वाली इस कविता की मन्दाकिनी के बीच खड़े होकर, इसी में से कुछ अंजलि उठाकर इसी को अर्पित किया है। इसमें भी मेरे अपनेपन का भान केवल मेरी श्रद्धा ही है।)

– पटना से 18.10.1936 को प्रकाशित 'बिजली' से

'मेघदूत' के प्रति

'मेघ' जिस-जिस काल पढ़ता
मैं स्वयं बन मेघ जाता!

1

हो धरणि चाहे शरद की
चाँदनी में स्नान करती,
वायु ऋतु हेमन्त की चाहे
गगन में हो विचरती,

हो शिशिर चाहे गिराता
पीत-जर्जर पत्र तरु के,

कोकिला चाहे वनों में
हो वसन्ती राग भरती,

ग्रीष्म का मार्तण्ड चाहे
हो तपाता भूमि-तल को,
दिन प्रथम आषाढ़ का मैं
'मेघ-चर' द्वारा बुलाता।

'मेघ' जिस-जिस काल पढ़ता
मैं स्वयं बन मेघ जाता!

2

भूल जाता अस्थि-मज्जा-
माँस युक्त शरीर हूँ मैं,
भासता बस—धूम्र-संयुत
ज्योति-सलिल-समीर हूँ मैं,

उठ रहा हूँ उच्च भवनों के
शिखर से और ऊपर,

देखता संसार नीचे
इन्द्र का वर वीर हूँ मैं,

मन्द गति से जा रहा हूँ
पा पवन अनुकूल अपने,
संग है बक-पंक्ति, चातक-
दल मधुर स्वर गीत गाता।

'मेघ' जिस-जिस काल पढ़ता
मैं स्वयं बन मेघ जाता!

3

झोंपड़ी, गृह, भवन भारी,
महल औ' प्रासाद सुन्दर,
कलश, गुम्बद, स्तम्भ, उन्नत
धरहरे, मीनार दृढ़तर,

दुर्ग देवल, पथ सुविस्तृत
और क्रीड़ोधान—सारे

मन्त्रिता कवि-लेखनी के
स्पर्श से होते अगोचर

और सहसा रामगिरि पर्वत
उठाता शीश अपना
गोद जिसकी स्निग्ध-
छायावान कानन लहलहाता!

'मेघ' जिस-जिस काल पढ़ता
मैं स्वयं बन मेघ जाता!

4

देखता इस शैल के ही
अंक में बहु-पूज्य पुष्कर,
पुण्य-जल जिनको किया था
जनक-तनया ने नहाकर

संग जब श्री राम के वे
थीं यहाँ पर वास करतीं,

देखता अंकित चरण उनके
अनेक अचल-शिला पर,

जान ये पद-चिह्न वंदित
विश्व से होते रहे हैं,
देख इनको शीश मैं भी
भक्ति-श्रद्धा से नवाता।

'मेघ' जिस-जिस काल पढ़ता
मैं स्वयं बन मेघ जाता!

5

देखता गिरि की शरण में
एक सर के रम्य तट पर
एक लघु आश्रम घिरा वन
तरु लताओं से सघनतर,

इस जगह कर्त्तव्य से च्युत
यक्ष को पाता अकेला,

निज प्रिया के ध्यान में जो
अश्रुमय उच्छ्वास भर-भर

क्षीणतन हो, दीनमन हो
और महिमाहीन होकर
वर्ष भर कान्ता-विरह के
शाप के दुर्दिन बिताता।

'मेघ' जिस-जिस काल पढ़ता
मैं स्वयं बन मेघ जाता!

6

था दिया अभिशाप अलकाध्यक्ष
ने जिस यक्षवर को,
वर्ष भर का दण्ड सहकर
वह गया कब का स्वघर को

प्रेयसी को एक क्षण उर से
लगा सब कष्ट भूला,

किन्तु शापित यक्ष तेरा
रे महाकवि जन्म-भर को!

रामगिरि पर चिर विधुर हो
युग-युगान्तर से पड़ा है,
मिल न पाएगा प्रलय तक
हाय, उसका शाप-त्राता!

'मेघ' जिस-जिस काल पढ़ता
मैं स्वयं बन मेघ जाता!

7

देख मुझको प्राणप्यारी
दामिनी को अंक में भर
घूमते उन्मुक्त नभ में
वायु के मृदु-मन्द रथ पर,

अट्टहास-विलास से मुखरित
बनाते शून्य को भी

जन सुखी भी क्षुब्ध होते
भाग्य शुभ मेरा सिहाकर;

प्रणयिनि भुज-पाश से जो
है रहा चिरकाल वंचित,
यक्ष मुझको देख कैसे
फिर न दुख में डूब जाता?

'मेघ' जिस-जिस काल पढ़ता
मैं स्वयं बन मेघ जाता!

8

देखता जब यक्ष मुझको
शैल-शृंगों पर विचरता,
एकटक हो सोचता कुछ
लोचनों में नीर भरता,

यक्षिणी को निज कुशल-
संवाद मुझसे भेजने की

कामना से वह मुझे उठ
बार-बार प्रणाम करता;

कनक विलय-विहीन कर से
फिर कुटज के फूल चुनकर
प्रीति से स्वागत-वचन कह
भेंट मेरे प्रति चढ़ाता।

'मेघ' जिस-जिस काल पढ़ता
मैं स्वयं बन मेघ जाता!

9

पुष्करावर्तक घनों के
वंश का मुझको बताकर,
कामरूप सुनाम दे, कह
मेघपति का मान्य अनुचर

कण्ठ कातर यक्ष मुझसे
प्रार्थना इस भाँति करता—

'जा प्रिया के पास ले
सन्देश मेरा, बन्धु जलधर!

वास करती वह विरहिणी
धनद की अलकापुरी में,
शम्भु शिर-शोभित कलाधर
ज्योतिमय जिसको बनाता।

'मेघ' जिस-जिस काल पढ़ता
मैं स्वयं बन मेघ जाता!

10

यक्ष पुनः प्रयाण के अनुरूप
कहता मार्ग सुखकर,
फिर बताता किस जगह पर
किस तरह का है नगर, घर,

किस दशा, किस रूप में है
प्रियतमा उसकी सलोनी,

किस तरह सूनी बिताती
रात्रि, कैसे दीर्घ वासर,

क्या कहूँगा, क्या करूँगा,
मैं पहुँचकर पास उसके;
किन्तु उत्तर के लिए कुछ
शब्द जिह्वा पर न आता।

'मेघ' जिस-जिस काल पढ़ता
मैं स्वयं बन मेघ जाता।

11

मौन पाकर यक्ष मुझको
सोचकर यह धैर्य धरता,
सत्पुरुष की रीति है यह
मौन रहकर कार्य करता,

देखकर उद्यत मुझे
प्रस्थान के हित, कर उठाकर

वह मुझे आशीष देता—
'इष्ट देशों में विचरता,

हे जलद, श्रीवृद्धि कर तू
संग वर्षा-दामिनी के,
हो न तुझको विरह दुख जो
आज मैं विधिवश उठाता!'

'मेघ' जिस-जिस काल पढ़ता
मैं स्वयं बन मेघ जाता!

गुलहज़ारा

1

एक आँधी पश्चिमी नभ
से चली इस ओर आई,

जल भरे, काले गरजते
बादलों को साथ लाई

मुसकराई चंचला, फिर
एक लहरा मेह बरसा,

गन्ध सोंधी उठ धरा से
कह गई, बरसात आई

भूमि कर तैयार, खुरपी
से बनाकर क्यारियों को,

बीज कर में, स्वप्न आँखों
में लिए माली हमारा,
आज उपवन में हमारे
बो रहा है गुलहज़ारा।

2

उस दिवस हर बीज से था
फूट निकला एक अंकुर,
दूसरे दिन दो हुए दल
जो रहे थे साथ में जुड़,

और दो दिन बाद निकलीं
पत्तियाँ दो-दो सभी में,

देखते ही देखते, लो,
हो उठी क्यारी हरित-उर;

आज के सुकुमार पौधे
कल सुमन देंगे बड़े हो,

हे मृगी, इनको कहीं तुम
चर न जाना जान चारा;
आज उपवन में हमारे
उग रहा है गुलहज़ारा।

3

उस दिवस प्रत्येक पौधे
में मृदुल कलियाँ लगी थीं,
रूप में वे मोतियों की
लग रही बहनें सगी थीं,

दूसरे दिन खोल घूँघट
झाँकने जग को लगीं वे,

हर कली अपने अनोखे
रंग में रस में रँगी थी,

हँस पड़ीं सब साथ सहसा,
हो उठे बलिहार पौधे,

सज गई क्यारी हमारी,
खुश हुआ माली हमारा;
आज उपवन में हमारे
खिल रहा है गुलहज़ारा।

4

चढ़ गए कुछ पुष्प मन्दिर-
देवता पर, देवियों पर,
पितृ गण की वेदियों पर
कुछ गए रक्खे सजाकर,

लड़कियों की सांध्य-क्रीड़ा
में कुसुम कुछ काम आए,

राम लीला में हुए कुछ
राम-लछमन पर निछावर,

शेष झर-झरकर अवनि को
फूल की चादर ओढ़ाते,

इस तरह से जा रहा है
मातृ भू का ऋण उतारा;
आज उपवन में हमारे
लुट रहा है गुलहज़ारा।

5

बीज के जो कोष बाक़ी
थे, गया ले तोड़ माली,
पीत होकर अब ठिठुरती
पत्तियाँ हैं नोक वाली,

मृत्यु शय्या पर पड़े अति
रुग्ण की अन्तिम हँसी-सी

यत्न करके खिल रही है
एक लघु कलिका निराली!

साँस ठण्डी ले प्रकृति अब
प्राण उसके ले रही है,

हाथ से अपने उसी ने
था जिसे कल तक सँवारा;
आज उपवन से हमारे
मिट रहा है गुलहज़ारा।

●●●